AF194457

Impressum
Verlag: BABADADA GmbH, Nedderfeld 112 , 22529 Hamburg
Geschäftsführer / Verlagsleitung: Harald Hof
Druck: Books on Demand GmbH, In de Tarpen 42, 22848 Norderstedt

Imprint
Publisher: BABADADA GmbH, Nedderfeld 112 , 22529 Hamburg, Germany
Managing Director / Publishing direction: Harald Hof
Print: Books on Demand GmbH, In de Tarpen 42, 22848 Norderstedt, Germany

jiao shi
učiona

chu
deliti

186/2

hei ban
ploča

xiao yuan
školsko dvorište

lao shi
nastavnik

zhi
papir

shu xie
pisati

gang bi
hemijska olovka

ban gong zhuo
pisaći stol

zhi chi
lenjir

shu
knjiga

xue sheng
učenik

shu bao

torba

qian bi he

pernica

qian bi

grafitna olovka

juan bi dao

šiljilo za olovke

xiang pi ca

gumica za brisanje

hua ban

blok za crtanje

tu hua

crtež

hua bi

kist

yan liao he

kutija sa bojama

jian dao

makaze

jiao shui

lepilo

lian xi ce

beležnica

jia ting zuo ye

domaći zadatak

shu zi

broj

jia

sabirati

jian

oduzimati

cheng

množiti

ji suan

računati

zi mu

slovo

zi mu biao

abeceda

zi

reč

ke wen

tekst

du

čitati

fen bi

kreda

shang ke

čas

deng ji

dnevnik

kao shi

ispit

zheng shu

svedočanstvo

xiao fu

školska uniforma

jiao yu

obrazovanje

bai ke quan shu

leksikon

da xue

univerzitet

xian wei jing

mikroskop

di tu

karta

fei zhi kuang

košara za papir

jiu dian
hotel

qing nian lü xing she
prenoćište

wai bi dui huan chu
menjačnica

shou ti xiang
kofer

qi che
auto

yu yan
jezik

shi/fou
da / ne

hao de
okej

nin hao
zdravo

fan yi yuan
prevodilac

xie xie
hvala

......duo shao qian?

Koliko košta...?

wo bu ming bai

ne razumem

wen ti

problem

wan shang hao!

dobro veče!

zao shang hao!

Dobro jutro!

wan an!

Laku noć!

zai jian

doviđenja

fang xiang

smer

xing li

prtljaga

bao

torba

shuang jian bao

ruksak

ke ren

gost

fang jian

soba

shui dai

vreća za spavanje

zhang peng

šator

lü you xin xi

turističke informacije

hai tan

plaža

xin yong ka

kreditna kartica

zao can

doručak

wu can

ručak

wan can

večera

piao

karta za vožnju

dian ti

lift

you piao

poštanska markica

bian jie

granica

hai guan

carina

da shi guan

ambasada

qian zheng

viza

hu zhao

pasoš

fei ji
avion

chuan
brod

xiao fang che
vatrogasno vozilo

gong jiao che
autobus

ka che
teretno vozilo

qi ting
motorni čamac

qi che
auto

zi xing che
bicikl

bai du chuan

trajekt

xiao chuan

čamac

mo tuo che

motocikl

jing che

policijski auto

sai che

trkaći auto

zu che

iznajmljeno auto

pin che

delenje automobila

tuo che

vučno vozilo

la ji che

vozilo za odvoz smeća

fa dong ji

motor

qi you

benzin

jia you zhan

benzinska stanica

jiao tong biao zhi

saobraćajni znak

jiao tong

saobraćaj

jiao tong du sai

zastoj

ting che chang

parkiralište

huo che zhan

železnička stanica

gui dao

šine

huo che

voz

dian che

tramvaj

huo che

vagon

zhi sheng ji

helikopter

ji chang

aerodrom

ta

kula

cheng ke

putnik

ji zhuang xiang

kontejner

zhi ban xiang

karton

shou tui che

kolica

lan zi

korpa

qi fei/jiang luo

uzleteti / sleteti

cheng shi
grad

cun zhuang

selo

shi zhong xin

centar grada

fang zi

kuća

dian ying yuan / kino

guang gao / reklama

lu deng / ulična svetiljka

jie dao / ulica

chu zu che / taksi

xiao chi dian / kiosk

xing ren / pešak

ren xing dao / trotoar

shi zi lu kou / raskrsnica

ban ma xian / pešački prelaz

la ji xiang / kontejner za otpad

hong lü deng / semafor

xiao wu

koliba

gong yu

stan

huo che zhan

železnička stanica

shi zheng ting

većnica

bo wu guan

muzej

xue xiao

škola

da xue

univerzitet

yin hang

banka

yi yuan

bolnica

jiu dian

hotel

yao fang

apoteka

ban gong shi

kancelarija

shu dian

knjižara

shang dian

prodavnica

hua dian

cvećara

chao shi

supermarket

shi chang

trg

bai huo shang dian

robna kuća

yu dian

ribarnica

gou wu zhong xin

trgovački centar

hai gang

luka

gong yuan

park

chang deng

klupa

qiao

most

lou ti

stepenice

di tie

podzemna železnica

sui dao

tunel

gong jiao che zhan

autobuska stanica

jiu ba

bar

can guan

restoran

you tong

poštansko sanduče

lu biao

ulični znak

ting che ji shi qi

parkirni automat

dong wu yuan

zoološki vrt

you yong guan

bazen

qing zhen si

džamija

nong chang

seosko gazdinstvo

wu ran

zagađenje okoline

mu di

groblje

jiao tang

crkva

cao chang

igralište

si miao

hram

di xing

pejsaž

shu ye
list

zhi shi pai
putokaz

lu
put

cao di
livada

shi tou
kamen

shu
drvo

tu bu lü xing zhe
šetač

he
reka

cao
trava

hua
cvijet

xia gu

dolina

shan

planina

hu

jezero

sen lin

šuma

sha mo

pustinja

huo shan

vulkan

cheng bao

dvorac

cai hong

duga

mo gu

gljiva

zong lü shu

palma

wen zi

moskito

cang ying

muva

ma yi

mrav

mi feng

pčela

zhi zhu

pauk

jia chong
buba

qing wa
žaba

song shu
veverica

ci wei
jež

ye tu
zec

mao tou ying
sova

niao
ptica

tian e
labud

ye zhu
divlja svinja

lu
jelen

mi lu
los

shui ba
nasip

feng li fa dian ji
vetrenjača

tai yang neng dian chi ban
solarna ploča

qi hou
klima

fu wu yuan
konobar

cai dan
jelovnik

yi zi
stolica

pi sa bing
pica

tang
supa

zhuo bu
stolnjak

can ju
pribor za jelo

qian cai

predjelo

zhu cai

glavno jelo

tian dian

desert

yin liao

napitci

shi wu

jelo

ping zi

flaša

kuai can

brza hrana

jie bian xiao chi

imbis hrana

cha hu

čajnik

tang he

doza za šećer

yi fen fan cai

porcija

yi shi ka fei ji

aparat za espresso

gao jiao yi

visoka stolica

zhang dan

račun

tuo pan

poslužavnik

dao

nož

can cha

viljuška

shao zi

kašika

cha chi

čajna kašika

can jin

salveta

bo li bei

čaša

die zi

tanjir

tang pan

tanjir za supu

die zi

tanjirić

jiang

sos

yan ping

soljenka

hu jiao mo

mlin za biber

cu

sirće

shi yong you

ulje

tiao wei liao

začini

fan qie jiang

kečap

jie mo

senf

dan huang jiang

majoneza

te jia
ponuda

gu ke
kupac

ru zhi pin
mlečni proizvodi

FOR

shui guo
voće

gou wu che
kolica za kupovinu

rou pu

mesnica

mian bao fang

pekara

cheng zhong

vagati

shu cai

povrće

rou

meso

leng dong shi pin

smrznuta hrana

leng pan

narezak

guan tou shi pin

konzerve

xi yi fen

sredstvo za pranje

tian shi

slatkiši

ri yong pin

artikli za domaćinstvo

qing jie yong pin

sredstva za čišćenje

xiao shou yuan

prodavačica

shou yin ji

blagajna

shou yin yuan

blagajnik

gou wu qing dan

lista za kupovinu

kai fang shi jian

vreme rada

qian bao

novčanik

xin yong ka

kreditna kartica

dai zi

torba

su liao dai

plastična kesa

shui

voda

guo zhi

sok

niu nai

mleko

ke le

kola

hong jiu

vino

pi jiu

pivo

jiu

alkohol

ke ke

kakao

cha

čaj

ka fei

kava

yi shi nong suo ka fei

espresso

ka bu qi nuo

cappuccino

xiang jiao

banana

ping guo

jabuka

cheng zi

narandža

xi gua

lubenica

ning meng

limun

hu luo bo

šargarepa

da suan

beli luk

zhu zi

bambus

yang cong

luk

mo gu

gljiva

jian guo

orašasti plodovi

mian tiao

rezanci

yi da li mian tiao

špagete

mi fan

riža

sha la

salata

shu tiao

pomfrit

zha tu dou

pečeni krumpir

pi sa bing

pica

han bao bao

hamburger

san ming zhi

sendvič

zha zhu pai

šnicla

huo tui

šunka

sa la mi

salama

xiang chang

kobasica

ji rou

kokoš

kao rou

pečenje

yu

riba

yan mai pian

zobene pahuljice

mu zi li

musli

yu mi pian

kukuruzne pahuljice

mian fen

brašno

yang jiao mian bao

kroasan

mian bao juan

pecivo

mian bao

hleb

kao mian bao

toast

bing gan

keksi

huang you

maslac

ning ru

sveži sir

dan gao

kolač

dan

jaje

jian dan

jaje na oko

nai lao

sir

bing ji lin

sladoled

tang

šećer

feng mi

med

guo jiang

marmelada

qiao ke li jiang

nugat krema

ga li fan

kari

nong she
seoska kuća

dao cao kun
bale sena

liang cang
ambar

tian ye
polje

ma
konj

tuo che
prikolica

tuo la ji
traktor

ma ju
ždrebe

lü
magarac

yang
ovca

gao yang
lane

shan yang

koza

nai niu

krava

niu du

tele

zhu

svinja

xiao zhu

prase

gong niu

bik

e

guska

ya

patka

xiao ji

pilići

mu ji

kokoš

gong ji

petao

shu

pacov

mao

mačka

lao shu

miš

niu

vol

gou

pas

gou wu

kućica za psa

hua yuan jiao shui ruan guan

vrtno crevo

sa shui hu

kanta za polivanje

chang bing da lian dao

kosa

li

plug

lian dao

srp

chu tou

motika

chang bing cao pa

viljuška za đubrivo

fu tou

sekira

du lun shou tui che

tačke

si liao cao

korito

niu nai guan

posuda za mleko

ma bu dai

vreća

zha lan

ograda

ma jiu

štala

wen shi

staklenik

tu rang

zemlja

zhong zi

seme

fei liao

đubrivo

lian he shou ge ji

kombajn

shou ge

žeti

shou ge

žetva

shan yao

jams začin

xiao mai

pšenica

da dou

soja

tu dou

krumpir

yu mi

kukuruz

you cai zi

uljana repica

guo shu

voćka

shu shu

gomolj manioke

gu wu

žitarice

yan cong
dimnjak

wu ding
krov

luo shui guan
žleb

chuang hu
prozor

che ku
garaža

men ling
zvono

men
vrata

la ji tong
korpa za otpad

xin xiang
poštansko sanduče

hua yuan
vrt

ke ting

dnevna soba

yu shi

kupaonica

chu fang

kuhinja

wo shi

spavaća soba

er tong fang

dečija soba

can ting

trpezarija

di ban
....
pod

qiang bi
....
zid

diao ding
....
strop

di jiao
....
podrum

sang na
....
sauna

yang tai
....
balkon

lu tai
....
terasa

you yong chi
....
bazen

ge cao ji
....
kosilica za travu

bei dan
....
posteljina za krevet

chuang zhao
....
deka za krevet

chuang
....
krevet

sao zhou
....
metla

shui tong
....
kanta

kai guan
....
prekidač

bi zhi
tapeta

zhao pian
slika

tai deng
svetiljka

ge jia
regal

chu gui
ormar

dian shi ji
televizija

bi lu
kamin

hua
cvijet

dian zi
jastuk

sha fa
kauč

hua ping
vaza

yao kong qi
daljinski upravljač

di tan

tepih

chuang lian

zavesa

can zhuo

sto

yi zi

stolica

yao yi

stolica za njihanje

fu shou yi

fotelja

shu

knjiga

tan zi

deka

zhuang shi pin

dekoracija

mu chai

drvo za ogrev

dian ying

film

gao bao zhen yin xiang

hi-fi uređaj

yao shi

ključ

bao zhi

novine

you hua

slika na platnu

hai bao

poster

shou yin ji

radio

bi ji ben

blok za pisanje

xi chen qi

usisivač

xian ren zhang

kaktus

la zhu

sveća

bing xiang
frižider

wei bo lu
mikrotalasna rerna

chu fang cheng
kuhinjska vaga

kao mian bao ji
toaster

xi jie jing
sredstvo za čišćenje

kao xiang
rerna

bing gui
pretinac za zamrzavanje

la ji tong
korpa za otpad

xi wan ji
mašina za pranje suđa

chui ju

šporet

guo

lonac

zhu tie guo

gvozdeni lonac

sha guo

wok / kadai

ping di guo

tava

shui hu

kuvalo za vodu

zheng guo

kuvalo na paru

kao pan

lim za pečenje

tao ci guo

posuđe

ma ke bei

čaša

wan

posuda

kuai zi

štapići za jelo

chang bing shao

kutlača

chan zi

lopatica

jiao ban qi

penjača

lü wang

sito za kuvanje

shai zi

sito

mo sui ji

ribež

yan bo

mužar

shao kao

roštilj

ming huo

ognjište

cai ban

daska

gan mian zhang

oklagija

kai ping qi

vadičep

guan zi

konzerva

kai ping qi

otvarač konzervi

ge re shou tao

krpa za lonac

shui cao

sudoper

shua zi

četka

hai mian

sunđer

jiao ban ji

mikser

leng cang xiang

zamrzivač

nai ping

flašica za bebe

shui long tou

slavina za vodu

chu fang - kuhinja

kupaonica

lin yu
tuš

gong nuan she bei
grejanje

mao jin
peškir

yu lian
zavesa za tuš

pao mo yu
penušava kupka

yu gang
kada

bo li bei
čaša

xi yi ji
mašina za pranje veša

shui long tou
slavina za vodu

ci zhuan
pločice

bian hu
tuta

shui cao
sudoper

ce suo

toalet

dun bian qi

čučavac

zuo yu qi

bidet

xiao bian chi

pisoar

ce zhi

toaletni papir

ma tong shua

četka za toalet

ya shua

četkica za zube

ya gao

pasta za zube

ya xian

konac za zube

xi

prati

shou chi shi pen lin tou

tuš ručica

chong xi qi

tuš za pranje intimnih delova

xi lian pen

lavor

ca bei shua

četka za pranje leđa

fei zao

sapun

mu yu lu

gel za tuširanje

xi fa shui

šampon

fa lan rong

krpa za pranje

pai shui

odvod

ru shuang

krema

chu chou ji

dezodorans

jing zi

ogledalo

shou jing

kozmetičko ogledalo

ti xu dao

brijač

ti xu pao mo

pena za brijanje

xu hou shui

losion za posle brijanja

shu zi

češalj

shua zi

četka

chui feng ji

fen za kosu

pen fa ding xing ji

sprej za kosu

hua zhuang pin

makeup

chun gao

ruž za usne

zhi jia you

lak za nokte

hua zhuang mian

vata

zhi jia jian

makaze za nokte

xiang shui

parfem

xi shu bao

kozmetička torbica

deng zi

stolica

ji zhong cheng

vaga

yu pao

ogrtač

xiang jiao shou tao

rukavice za čišćenje

wei sheng mian tiao

tampon

wei sheng jin

uložak

hua xue ce suo

hemijski toalet

nao zhong
budilnik

mao rong wan ju
plišana igračka

wan ju che
auto igračka

wan ju wu
kućica za lutke

li wu
poklon

bo lang gu
zvečka

qi qiu

balon

chuang

krevet

(yang wa wa yong)ying er che

dječija kolica

pu ke pai

igra s kartama

pin tu

slagalica

man hua

strip

le gao ji mu

lego kockice

ji mu wan ju

kockice za slaganje

wan ju ren

akcioni junak

ying er fu

benkica za bebe

fei pan

frizbi

chuang ling wan ju

viseće igračke

qi pan you xi

društvene igre

shai zi

kocka

huo che mo xing

minijaturna željeznica

an fu nai zui

duda

ju hui

zabava

hui ben

slikovnica

qiu

lopta

yang wa wa

lutka

wan

igrati

sha keng

pješčanik

qiu qian

ljuljačka

wan ju

igračka

you xi ji

konzola za igre

san lun che

tricikl

tai di xiong

tedi

yi chu

ormar

wa zi

kratke čarape

chang wa

čarape

jin shen ku

hulahopke

wei jin
šal

pi dai
kaiš

yu san
kišobran

T xu
majica

xue zi
čizme

yun dong xie
patike

tuo xie
papuče

liang xie
sandale

xie
cipele

yu xue
gumene čizme

nei ku
gaćice

xiong zhao
grudnjak

bei xin
potkošulja

shen ti

bodi

ku zi

pantalone

niu zai ku

farmerke

duan qun

suknja

nü shi chen shan

bluza

chen shan

košulja

tao tou shan

džemper

wei yi

džemper s kapuljačom

xi zhuang jia ke

sako

jia ke

jakna

wai tao

kaput

yu yi

kabanica

tao zhuang

kostim

lian yi qun

haljina

hun sha

venčanica

xi zhuang

odelo

shui pao

spavaćica

shui yi

pidžama

sha li

sari

tou jin

marama za glavu

bao tou jin

turban

bo ka

burka

ka fu tan

kaftan

(a la bo shi)chang pao

abaja

yong yi

kupaći kostim

nan shi yong ku

kupaće gaćice

duan ku

kratke pantalone

yun dong fu

odeća za trening

wei qun

kecelja

shou tao

rukavice

niu kou

dugme

yan jing

naočare

shou lian

narukvica

xiang lian

ogrlica

jie zhi

prsten

er huan

naušnica

bian mao

kapa

yi jia

vešalica

mao zi

šešir

ling dai

kravata

la lian

patent zatvarač

tou kui

kaciga

bei dai

naramenice

xiao fu

školska uniforma

zhi fu

uniforma

wei dou

podbradak

an fu nai zui

duda

niao bu shi

pelena

ban gong shi
kancelarija

fu wu qi
server

wen jian gui
ormar za spise

da yin ji
štampač

zhi
papir

xian shi ping
monitor

ban gong zhuo
pisaći stol

shu biao
miš

wen jian jia
mapa

jian pan
tastatura

fei zhi kuang
košara za papir

dian nao
kompjuter

yi zi
stolica

ka fei bei

šalica za kavu

ji suan qi

kalkulator

yin te wang

internet

bi ji ben dian nao

laptop

xin jian

pismo

xiao xi

poruka

shou ji

mobilni telefon

wang luo

mreža

fu yin ji

uređaj za kopiranje

ruan jian

softver

dian hua

telefon

cha zuo

utičnica

chuan zhen ji

faks

biao ge

formular

wen jian

dokument

mai

kupovati

fu qian

platiti

jiao yi

trgovati

xian jin

novac

USD

mei yuan

dolar

EUR

ou yuan

evro

JPY

ri yuan

jen

RUB

lu bu

rublja

CHF

rui shi fa lang

švajcarski franak

CNY

ren min bi

renmindbi juan

INR

lu bi

rupija

ti kuan chu

automat za novac

wai bi dui huan chu

menjačnica

jin

zlato

yin

srebro

shi you

nafta

neng yuan

energija

jia ge

cena

he tong

ugovor

shui jin

porez

gu piao

deonica

gong zuo

raditi

zhi yuan

službenik

lao ban

poslodavac

gong chang

fabrika

shang dian

prodavnica

jing guan
policajac

xiao fang yuan
vatrogasac

chu shi
kuvar

yi sheng
lekar

fei xing yuan
pilot

yuan ding

vrtlar

mu jiang

stolar

cai feng

krojačica

fa guan

sudija

hua xue jia

hemičar

yan yuan

glumac

gong jiao che si ji

vozač autobusa

chu zu che si ji

vozač taksija

yu fu

ribar

qing jie nü gong

čistačica

wu ding gong

krovopokrivač

fu wu yuan

konobar

lie ren

lovac

hua jia

slikar

mian bao shi

pekar

dian gong

električar

jian zhu gong ren

građevinski radnik

gong cheng shi

inženjer

tu fu

mesar

shui guan gong

limar

you di yuan

poštar

shi bing

vojnik

jian zhu shi

arhitekta

shou yin yuan

blagajnik

hua nong

cvećar

li fa shi

frizer

shou piao yuan

kondukter

ji xie shi

mehaničar

chuan zhang

kapetan

ya yi

zubar

ke xue jia

naučnik

la bi

rabi

yi ma mu

imam

he shang

monah

mu shi

svećenik

tie chui
čekić

qian zi
klešta

luo si dao
odvijač

shou dian tong
džepna lampa

ban shou
ključ za zavrtnje

wa jue ji

bager

gong ju xiang

kutija za alat

ti zi

merdevine

ju zi

pila

ding zi

ekser

zuan ji

bušilica

xiu
popraviti

chan zi
lopata

kao!
do đavola!

bo ji
lopatica

you qi tong
lonac za boju

luo si
zavrtanji

yue qi
muzički instrument

yang sheng qi
zvučnik

da ji yue qi
bubnjevi

ji ta
gitara

di yin ti qin
kontrabas

xiao hao
truba

gang qin

klavir

xiao ti qin

violina

bei si

bas

ding yin gu

timpani

gu

udaraljke za bubnjeve

dian zi qin

tipke klavira

sa ke si guan

saksofon

chang di

flauta

mai ke feng

mikrofon

yue qi - muzički instrument

The zoo scene with labels:

- lao hu / tigar
- ru kou / ulaz
- long zi / kavez
- ban ma / zebra
- dong wu si liao / hrana za životinje
- xiong mao / panda

dong wu

životinje

da xiang

slon

dai shu

kengur

xi niu

nosorog

da xing xing

gorila

xiong

medved

luo tuo

kamila

tuo niao

noj

shi zi

lav

hou zi

majmun

huo lie niao

flamingo

ying wu

papagaj

bei ji xiong

polarni medved

qi e

pingvin

sha yu

ajkula

kong que

paun

she

zmija

e yu

krokodil

dong wu yuan guan li yuan

čuvar u zoološkom vrtu

hai bao

tuljan

mei zhou bao

jaguar

ai zhong ma

poni

bao

leopard

he ma

nilski konj

chang jing lu

žirafa

lao ying

orao

ye zhu

divlja svinja

yu

riba

gui

kornjača

hai xiang

morž

hu li

lisica

ling yang

gazela

gan lan qiu
američki nogomet

qi zi xing che
biciklizam

wang qiu
tenis

lan qiu
košarka

you yong
plivanje

quan ji
boks

bing qiu
hokej na ledu

ying shi zu qiu
fudbal

yu mao qiu
badminton

tian jing
atletika

shou qiu
rukomet

hua xue
skijanje

ma qiu
polo

tiao
skočiti

yong bao
zagrliti

xiao
smejati se

zou lu
ići

chang
pevati

zuo meng
sanjati

qi dao
moliti se

qin wen
poljubiti

shu xie
pisati

hua
crtati

zhan shi
pokazati

tui
gurati

gei
dati

na
uzeti

you
imati

zuo
činiti

dang
biti

zhan
stojati

pao
trčati

la
povlačiti

reng
baciti

shuai dao
padati

tang
ležati

deng dai
čekati

xie dai
nositi

zuo
sediti

chuan yi
oblačiti

shui jiao
spavati

xing lai
probuditi se

kan

gledati

ku

plakati

fu mo

milovati

shu tou

češljati

jiao tan

govoriti

ming bai

razumeti

wen

pitati

ting

slušati

he

piti

chi

jesti

qing li

pospremiti

ai

voleti

zuo fan

kuhati

kai che

voziti

fei

leteti

hang xing

ploviti

ji suan

računati

du

čitati

xue xi

učiti

gong zuo

raditi

jie hun

venčati se

feng

šiti

shua ya

prati zube

sha

ubiti

chou yan

pušiti

ji

poslati

zu mu
baka

zu fu
deda

fu qin
otac

mu qin
majka

ying tong
beba

nü er
kćerka

er zi
sin

ke ren

gost

a yi

tetka

shu shu

ujak, stric

xiong di

brat

jie mei

sestra

qian e
čelo

yan jing
oko

jian bang
rame

shou zhi
prst

lian
lice

xia ba
brada

shou
ruka

ru fang
grudi

tui
noga

shou bi
ruka

ying tong

beba

nan ren

muškarac

nü ren

žena

nü hai

devojčica

nan hai

dečak

tou

glava

bei bu

leđa

du zi

stomak

du qi

pupak

jiao zhi

nožni prst

jiao hou gen

peta

gu tou

kost

tun bu

kukovi

xi gai

koleno

shou zhou

lakat

bi zi

nos

pi gu

zadnjica

pi fu

koža

lian jia

obraz

er duo

uvo

zui chun

usna

zui

usta

ya chi

zub

she tou

jezik

nao

mozak

xin zang

srce

ji rou

mišić

fei

pluća

gan zang

jetra

wei

želudac

shen zang

bubrezi

xing jiao

polni odnos

bi yun tao

kondom

luan zi

jajna ćelija

jing zi

sperma

huai yun

trudnoća

yue jing

menstruacija

yin dao

vagina

yin jing

penis

mei mao

obrva

tou fa

kosa

bo zi

vrat

yi yuan
bolnica

jiu hu che
bolníčko vozilo

lun yi
invalidska kolica

gu zhe
lom

yi sheng

lekar

ji zhen shi

hitna medicinska služba

hu shi

medicinska sestra

jin ji qing kuang

hitni slučaj

hun mi

nesvest

tong

bol

shou shang

povreda

chu xue

krvarenje

xin zang bing fa zuo

srčani udar

zhong feng

udar

guo min

alergija

ke sou

kašalj

fa shao

groznica

liu gan

gripa

fu xie

proliv

tou tong

glavobolja

ai zheng

rak

tang niao bing

dijabetes

wai ke yi sheng

hirurg

shou shu dao

skalpel

shou shu

operacija

CT

ct

X guang

rentgen

chao sheng bo

ultrazvuk

kou zhao

maska

ji bing

bolest

hou zhen shi

čekaona

guai zhang

štaka

shi gao

flaster

beng dai

zavoj

zhu she

injekcija

ting zhen qi

stetoskop

dan jia

nosila

ti wen ji

termometar

chu sheng

rođenje

chao zhong

prekomerna težina

zhu ting qi

slušni aparat

xiao du ye

sredstvo za dezinfekciju

gan ran

infekcija

bing du

virus

ai zi bing

HIV / AIDS

yao wu

medicina

jie zhong yi miao

vakcinacija

yao pian

tablete

yao wan

pilula

ji jiu dian hua

hitni poziv

xue ya ji

uređaj za merenje pritiska

sheng bing/jian kang

bolesno / zdravo

jiu ming!

pomoć!

jing bao

alarm

tu ji

nasrtaj

gong ji

napad

wei xian

opasnost

jin ji chu kou

izlaz u slučaju nužde

zhao huo la!

požar!

mie huo qi

protivpožarni aparat

yi wai

nezgoda

ji jiu xiang

kutija prve pomoći

hu jiu xin hao

sos

jing cha

policija

ou zhou

Evropa

bei mei zhou

Severna Amerika

nan mei zhou

Južna Amerika

fei zhou

Afrika

ya zhou

Azija

ao zhou

Australija

da xi yang

Atlantik

tai ping yang

Pacifik

yin du yang

Indijski okean

nan bing yang

Antarktički okean

bei bing yang

Arktički ocean

bei ji

Severni pol

nan ji

Južni pol

nan ji zhou

Antarktik

di qiu

zemlja

lu di

zemlja

hai

more

dao

otok

guo jia

nacija

guo jia

država

zhong mian

brojčanik sata

shi zhen

satna kazaljka

fen zhen

minutna kazaljka

miao zhen

sekundna kazaljka

xian zai ji dian?

Koliko je sati?

tian

dan

shi jian

vreme

xian zai

sada

dian zi biao

digitalni sat

fen

minuta

shi

čas

zhou yi
ponedeljak

zhou san
sreda

zhou wu
petak

zhou er
utorak

zhou liu
subota

zhou si
četvrtak

zhou ri
nedelja

zuo tian

juče

jin tian

danas

ming tian

sutra

zao chen

jutro

zhong wu

podne

wan shang

veče

MO	TU	WE	TH	FR	SA	SU
1	2	3	4	5	6	7
8	9	10	11	12	13	14
15	16	17	18	19	20	21
22	23	24	25	26	27	28
29	30	31	1	2	3	4

gong zuo ri

radni dani

MO	TU	WE	TH	FR	SA	SU
1	2	3	4	5	6	7
8	9	10	11	12	13	14
15	16	17	18	19	20	21
22	23	24	25	26	27	28
29	30	31	1	2	3	4

zhou mo

vikend

cai hong
duga

yu
kiša

xue
sneg

feng
vetar

chun
proleće

qiu
jesen

xia
leto

dong
zima

tian qi yu bao

meteorološka prognoza

wen du ji

termometar

yang guang

sunčana svetlost

yun

oblak

wu

magla

chao shi

vlažnost vazduha

shan dian

munja

da lei

grmljavina

feng bao

oluja

bing bao

tuča

ji feng

monsun

hong shui

poplava

bing

led

yi yue

januar

er yue

februar

san yue

mart

si yue

april

wu yue

maj

liu yue

juni

qi yue

juli

ba yue

avgust

nian - godina

jiu yue

septembar

shi yue

oktobar

shi yi yue

novembar

shi er yue

decembar

xing zhuang
oblici

yuan xing

krug

zheng fang xing

kvadrat

chang fang xing

pravougao

san jiao xing

trougao

qiu ti

kugla

li fang ti

kocka

bai

bela

huang

žuta

cheng

narandžasta

fen

ružičasta

hong

crvena

zi

ljubičasta

lan

plava

lü

zelena

zong

smeđa

hui

siva

hei

crna

hen duo/shao xu

mnogo / malo

sheng qi/ping jing

ljutito / mirno

mei/chou

lepo / ružno

shou/wei

početak / kraj

da/xiao

veliko / maleno

ming/an

svetlo / tamno

xiong di/jie mei

brat / sestra

gan jing/ang zang

čisto / prljavo

wan zheng/que shi

potpuno / nepotpuno

bai tian/wan shang

dan / noć

si/sheng

mrtvo / živo

kuan/zhai

široko / usko

ke shi yong/fei shi yong

jestivo / nejestivo

xie e/shan liang

zlo / dobro

xing fen/wu liao

uzbuđeno / dosadno

pang/shou

debelo / mršavo

di yi/zui hou

na početku / na kraju

peng you/di ren

prijatelj / neprijatelj

man/kong

puno / prazno

ying/ruan

tvrdo / mekano

zhong/qing

teško / lagano

e/ke

glad / žeđ

sheng bing/jian kang

bolesno / zdravo

fei fa/he fa

ilegalno / legalno

cong ming/yu ben

pametno / glupo

zuo/you

levo / desno

jin/yuan

blizu / daleko

xin/jiu

novo / polovno

mei you/you xie

ništa / nešto

lao/you

staro / mlado

kai/guan

uključeno / isključeno

da kai/he shang

otvoreno / zatvoreno

an jing/chao nao

tiho / glasno

fu/qiong

bogato / siromašno

dui/cuo

tačno / pogrešno

cu cao/guang hua

hrapavo / glatko

shang xin/gao xing

tužno / sretno

duan/chang

kratko / dugo

man/kuai

polako / brzo

shi/gan

mokro / suho

wen nuan/liang shuang

toplo / hladno

zhan zheng/he ping

rat / mir

0

ling

nula

1

yi

jedan

2

er

dva

3

san

tri

4

si

četiri

5

wu

pet

6

liu

šest

7

qi

sedam

8

ba

osam

9

jiu

devet

10

shi

deset

11

shi yi

jedanaest

12

shi er

dvanaest

13

shi san

trinaest

14

shi si

četrnaest

15

shi wu

petnaest

16

shi liu

šestnaest

17

shi qi

sedamnaest

18

shi ba

osamnaest

19

shi jiu

devetnaest

20

er shi

dvadeset

100

bai

stotinu

1.000

qian

hiljadu

1.000.000

bai wan

milion

ying yu

engleski

mei shi ying yu

američki engleski

pu tong hua

mandarinski kineski

yin di yu

hindski

xi ban ya yu

španski

fa yu

francuski

a la bo yu

arapski

e yu

ruski

pu tao ya yu

portugalski

feng jia la yu

bengalski

de yu

nemački

ri yu

japanski

wo

ja

ni

ti

ta/ta/ta

on / ona / ono

wo men

mi

ni men

vi

ta men

oni

shei?

Ko?

shen me?

Šta?

zen yang?

Kako?

na li?

Gde?

shen me shi hou?

Kada?

ming zi

ime

hou mian
....
iza

li mian
....
u

qian mian
....
ispred

shang fang
....
preko

shang mian
....
na

xia mian
....
ispod

pang bian
....
pored

zhong jian
....
između

di dian
....
mesto